AF205657

Impressum
Verlag: BABADADA GmbH, Nedderfeld 112 , 22529 Hamburg
Geschäftsführer / Verlagsleitung: Harald Hof
Druck: Books on Demand GmbH, In de Tarpen 42, 22848 Norderstedt

Imprint
Publisher: BABADADA GmbH, Nedderfeld 112 , 22529 Hamburg, Germany
Managing Director / Publishing direction: Harald Hof
Print: Books on Demand GmbH, In de Tarpen 42, 22848 Norderstedt

escola
škola

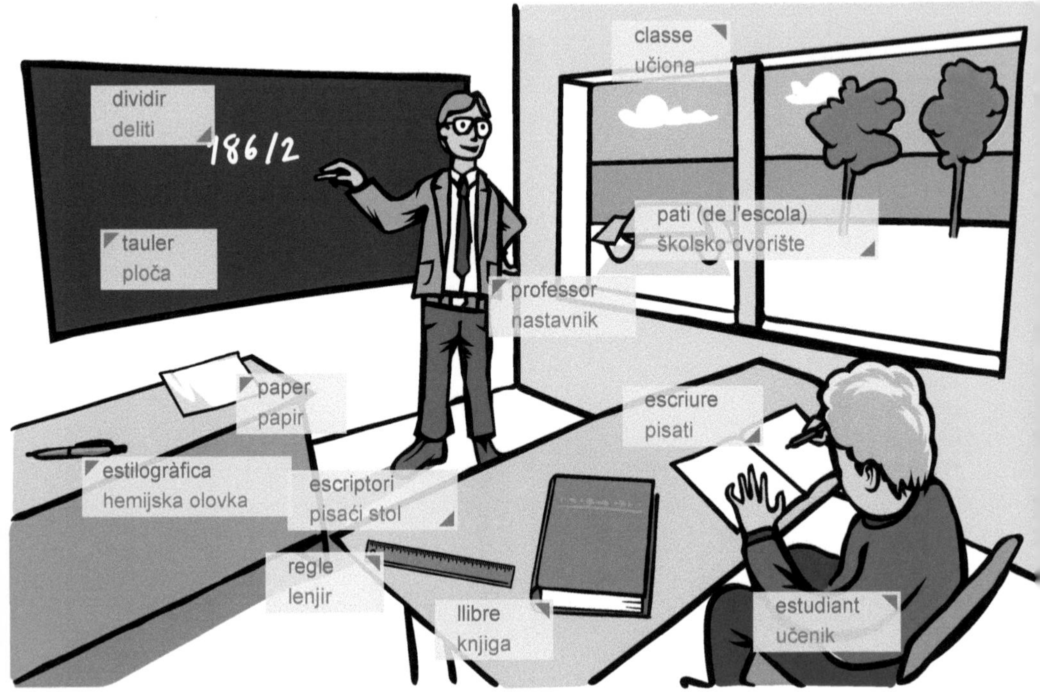
classe
učiona
dividir
deliti
186/2
tauler
ploča
pati (de l'escola)
školsko dvorište
professor
nastavnik
paper
papir
escriure
pisati
estilogràfica
hemijska olovka
escriptori
pisaći stol
regle
lenjir
llibre
knjiga
estudiant
učenik

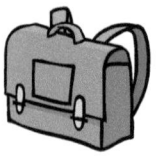

bossa

torba

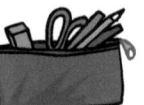

estoig

pernica

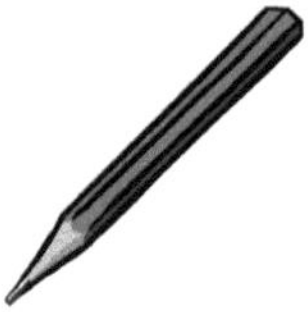

llapis

grafitna olovka

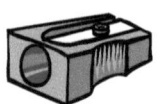

maquineta de fer punta

šiljilo za olovke

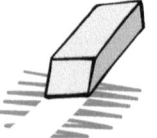

goma

gumica za brisanje

bloc de dibuix

blok za crtanje

dibuix
....
crtež

pinzell
....
kist

capsa de pintures
....
kutija sa bojama

tisores
....
makaze

cola
....
lepilo

quadern d'exercicis
....
beležnica

deures
....
domaći zadatak

nombre
....
broj

afegir
....
sabirati

sostreure
....
oduzimati

multiplicar
....
množiti

calcular
....
računati

lletra
....
slovo

alfabet
....
abeceda

mot
....
reč

text

tekst

llegir

čitati

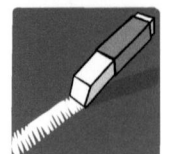

guix

kreda

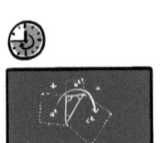

lliçó

čas

llibre de classe

dnevnik

examen

ispit

certificat

svedočanstvo

uniforme escolar

školska uniforma

formació

obrazovanje

enciclopèdia

leksikon

universitat

univerzitet

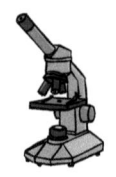

microscopi

mikroskop

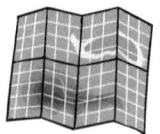

mapa

karta

paperera

košara za papir

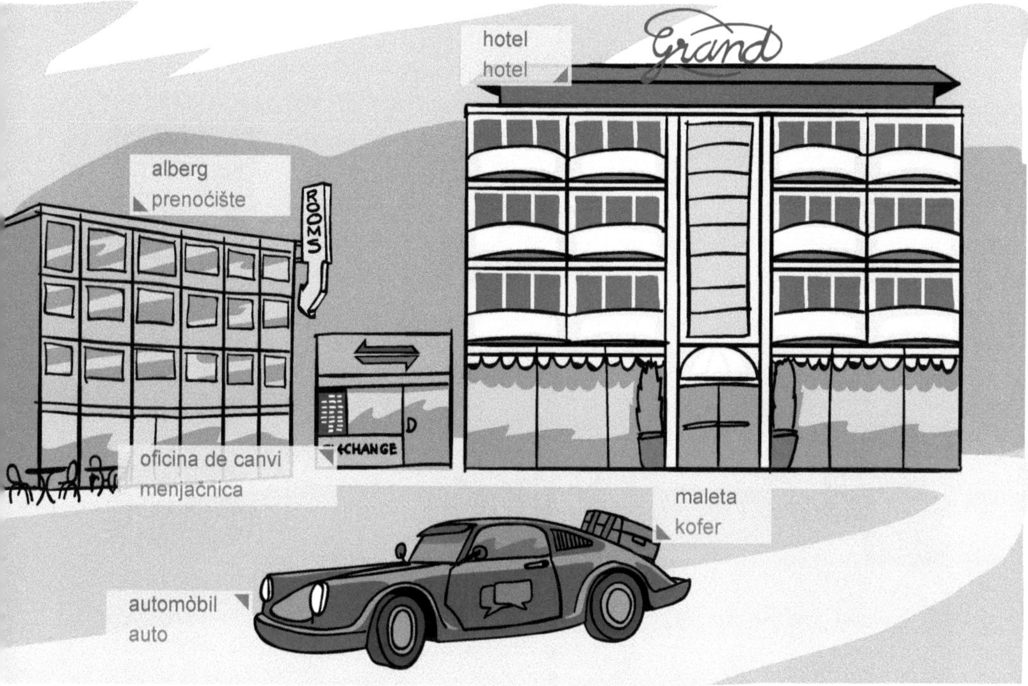

hotel
hotel

alberg
prenoćište

ROOMS

oficina de canvi
menjačnica

€CHANGE

maleta
kofer

automòbil
auto

llengua
jezik

sí / no
da / ne

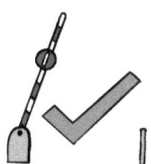

D'acord
okej

Ey!
zdravo

traductora
prevodilac

gràcies
hvala

Quant costa… ?

Koliko košta…?

No entenc

ne razumem

problema

problem

Bona nit!

dobro veče!

bon dia!

Dobro jutro!

bona nit!

Laku noć!

fins aviat

doviđenja

direcció

smer

bagatge

prtljaga

bossa

torba

sarrona

ruksak

convidat

gost

cambra

soba

sac de dormir

vreća za spavanje

tenda

šator

oficina de turisme

turističke informacije

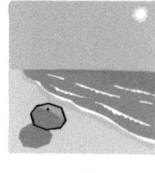

platja

plaža

carta de crèdit

kreditna kartica

esmorzar

doručak

dinar

ručak

sopar

večera

bitllet

karta za vožnju

ascensor

lift

segell

poštanska markica

frontera

granica

duana

carina

ambaixada

ambasada

visat

viza

passaport

pasoš

transport
transport

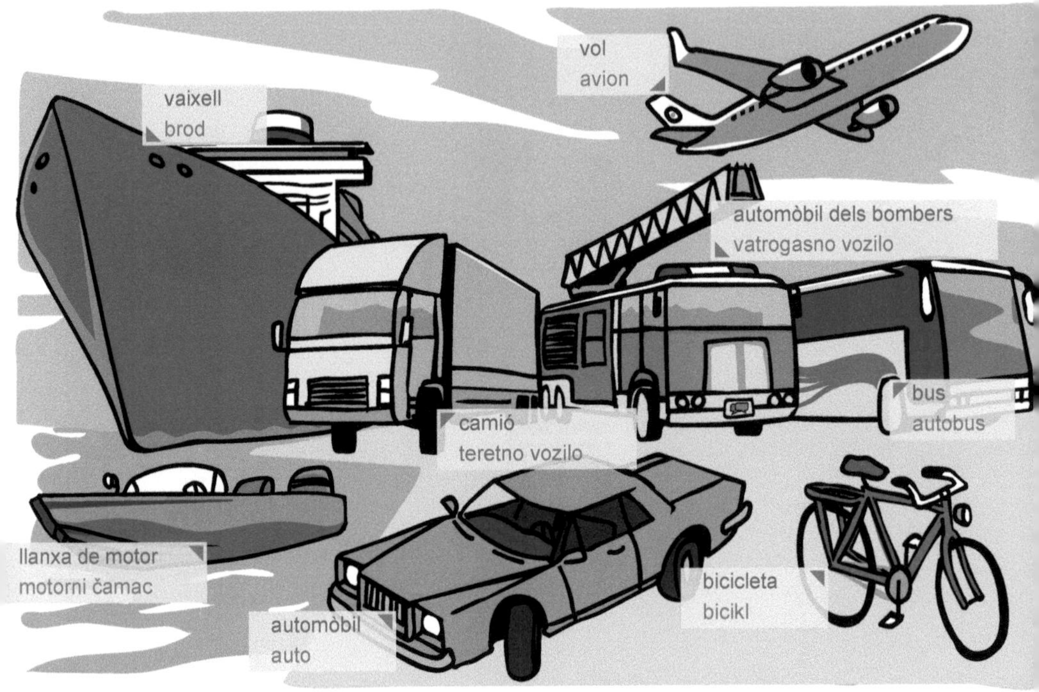

vol
avion
vaixell
brod
automòbil dels bombers
vatrogasno vozilo
bus
autobus
camió
teretno vozilo
llanxa de motor
motorni čamac
bicicleta
bicikl
automòbil
auto

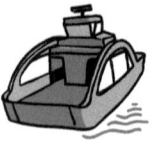

transbordador

trajekt

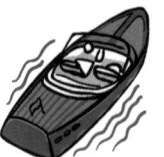

barca

čamac

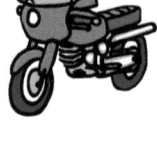

moto

motocikl

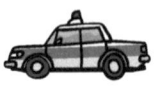

automòbil de policia

policijski auto

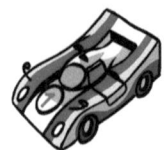

automòbil de curses

trkaći auto

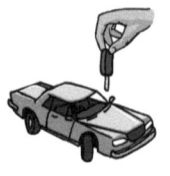

automòbil de lloguer

iznajmljeno auto

vehicle compartit

delenje automobila

grua

vučno vozilo

camió de les escombraries

vozilo za odvoz smeća

motor

motor

benzina

benzin

benzineria

benzinska stanica

senyal de trànsit

saobraćajni znak

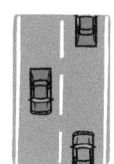

trànsit

saobraćaj

embús

zastoj

aparcament

parkiralište

estació de trens

železnička stanica

vies

šine

tren

voz

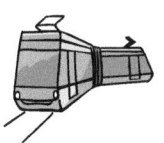

tramvia

tramvaj

vagó

vagon

helicòpter

helikopter

aeroport

aerodrom

torre

kula

passatger

putnik

contenidor

kontejner

capsa de cartó

karton

carretó

kolica

cistella

korpa

enlairar-se / aterrar

uzleteti / sleteti

ciutat

grad

poble

selo

centre de la ciutat

centar grada

casa

kuća

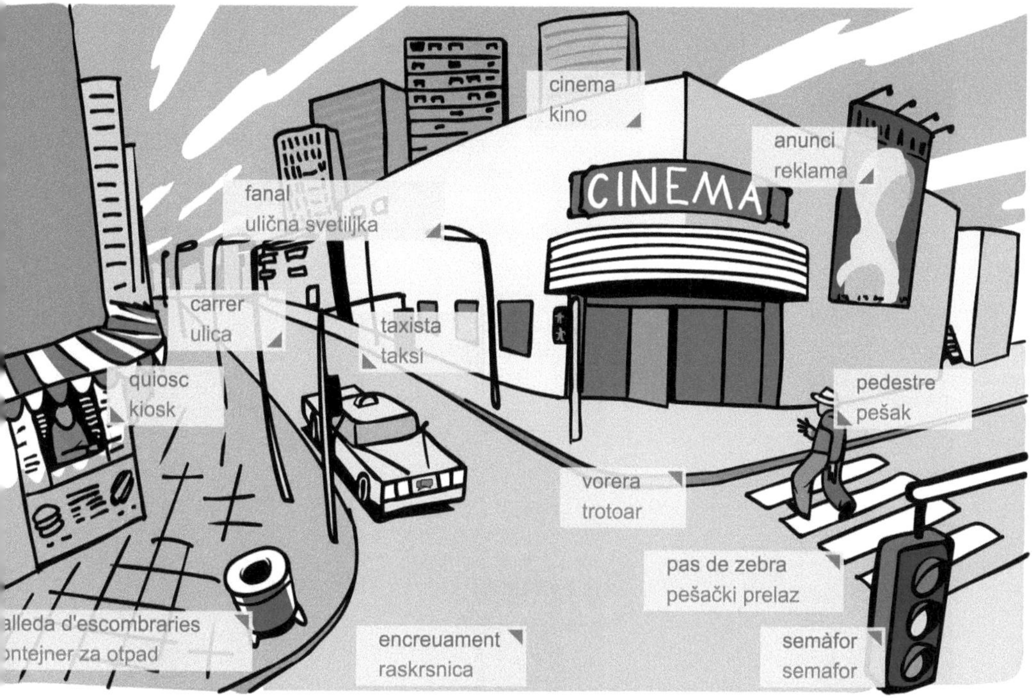

cinema
kino

anunci
reklama

fanal
ulična svetiljka

CINEMA

carrer
ulica

taxista
taksi

quiosc
kiosk

pedestre
pešak

vorera
trotoar

pas de zebra
pešački prelaz

alleda d'escombraries
ontejner za otpad

encreuament
raskrsnica

semàfor
semafor

cabana
....
koliba

apartament
....
stan

estació de trens
....
železnička stanica

casa de la vila-ciutat
....
većnica

museu
....
muzej

escola
....
škola

ciutat - grad

11

universitat
univerzitet

banca
banka

hospital
bolnica

hotel
hotel

farmàcia
apoteka

oficina
kancelarija

llibreria
knjižara

botiga
prodavnica

floristeria
cvećara

supermercat
supermarket

mercat
trg

gran magatzem
robna kuća

peixateria
ribarnica

centre comercial
trgovački centar

port
luka

parc

park

banc

klupa

pont

most

escala

stepenice

metro

podzemna železnica

túnel

tunel

parada d'autobús

autobuska stanica

bar

bar

restaurant

restoran

bústia de correu

poštansko sanduče

senyal indicador

ulični znak

parquímetre

parkirni automat

zoo

zoološki vrt

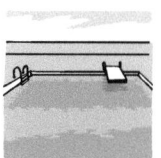

piscina

bazen

mesquita

džamija

ciutat - grad

granja

seosko gazdinstvo

pol·lució

zagađenje okoline

cementiri

groblje

església

crkva

parc infantil

igralište

temple

hram

paisatge

pejsaž

fulla
list

cartell indicador
putokaz

camí
put

prat
livada

pedra
kamen

arbre
drvo

excursionista
šetač

riu
reka

gespa
trava

flor
cvijet

vall

dolina

muntanya

planina

llac

jezero

bosc

šuma

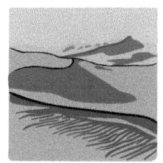

desert

pustinja

volcà

vulkan

castell

dvorac

arc de Sant Martí

duga

bolet

gljiva

palmera

palma

moscard

moskito

mosca

muva

formiga

mrav

abella

pčela

aranya

pauk

escarabat

buba

granota

žaba

esquirol

veverica

eriçó

jež

llebre

zec

òliba

sova

ocell

ptica

cigne

labud

senglar

divlja svinja

cervo

jelen

ant

los

presa

nasip

turbina

vetrenjača

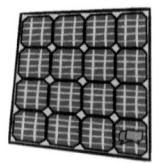

panell solar

solarna ploča

clima

klima

restaurant
restoran

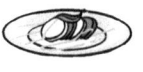

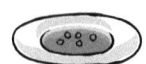

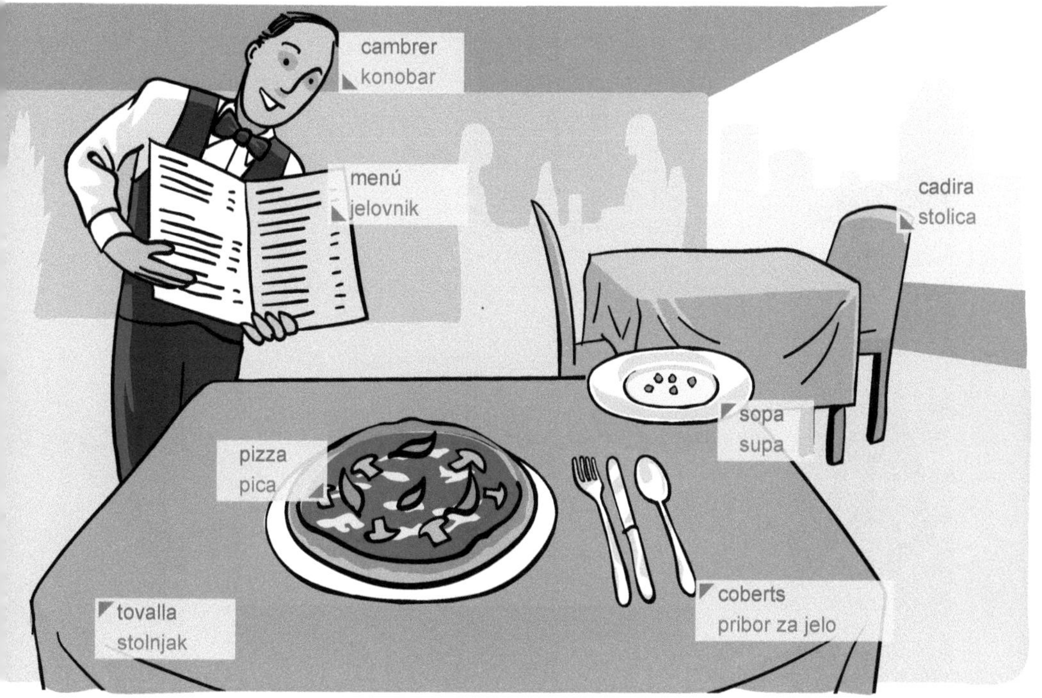
cambrer
konobar
menú
jelovnik
cadira
stolica
sopa
supa
pizza
pica
tovalla
stolnjak
coberts
pribor za jelo

primer plat
predjelo

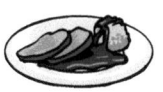

plat principal
glavno jelo

darreries
desert

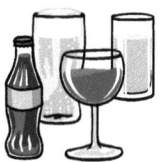

begudes
napitci

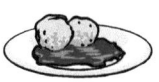

menjar
jelo

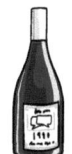

ampolla
flaša

menjar ràpid

brza hrana

menjar de carrer

imbis hrana

tetera

čajnik

sucrer

doza za šećer

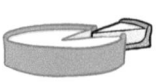

porció

porcija

màquina d'espresso

aparat za espresso

trona

visoka stolica

factura

račun

plata

poslužavnik

ganivet

nož

forqueta

viljuška

cullera

kašika

cullereta

čajna kašika

tovalló

salveta

got

čaša

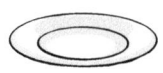

plat

tanjir

plat de sopa

tanjir za supu

plateret

tanjirić

salsa

sos

saler

soljenka

molinet de pebre

mlin za biber

vinagre

sirće

oli

ulje

espècies

začini

quètxup

kečap

mostassa

senf

maionesa

majoneza

supermercat

supermarket

oferta especial
ponuda
FOR
client
kupac
productes lactis
mlečni proizvodi
fruites
voće
carret de la compra
kolica za kupovinu

BUTCHERS

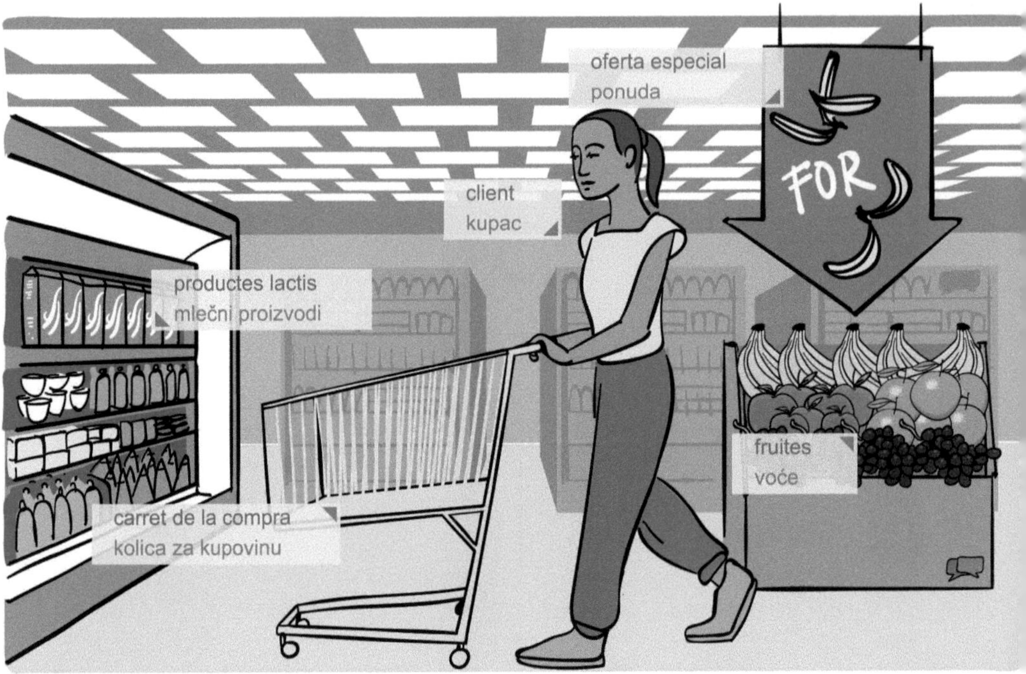

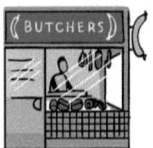

carnisseria

mesnica

BAKERY

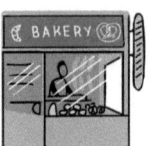

forn de pa

pekara

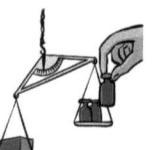

pesar

vagati

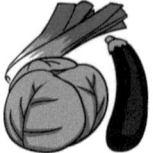

verdures

povrće

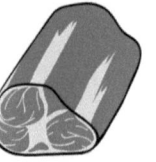

carn

meso

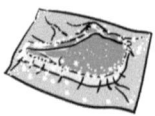

menjar congelat

smrznuta hrana

carn freda

narezak

conserves

konzerve

detergent en pols

sredstvo za pranje

dolços

slatkiši

articles domèstics

artikli za domaćinstvo

productes de neteja

sredstva za čišćenje

venedora

prodavačica

caixa registradora

blagajna

caixera

blagajnik

llista de la compra

lista za kupovinu

horari d'obertura

vreme rada

portamonedes

novčanik

carta de crèdit

kreditna kartica

bossa

torba

bossa de plàstic

plastična kesa

aigua
voda

suc
sok

llet
mleko

coca-cola
kola

vi
vino

cervesa
pivo

alcohol
alkohol

cacau
kakao

te
čaj

cafè
kava

espresso
espresso

cappuccino
cappuccino

banana

banana

poma

jabuka

taronja

narandža

síndria

lubenica

llimona

limun

pastanaga

šargarepa

all

beli luk

bambú

bambus

ceba

luk

bolet

gljiva

avellanes

orašasti plodovi

fideus

rezanci

espaguetis

špagete

arròs

riža

amanida

salata

patates fregides

pomfrit

patates fregides

pečeni krumpir

pizza

pica

hamburguesa

hamburger

entrepà

sendvič

escalopa

šnicla

cuixot

šunka

salami

salama

salsitxa

kobasica

pollastre

kokoš

rostit

pečenje

peix

riba

flocs de civada

zobene pahuljice

musli

musli

cereals

kukuruzne pahuljice

farina

brašno

croissant

kroasan

panet

pecivo

pa

hleb

torrada

toast

bescuits

keksi

mantega

maslac

mató

sveži sir

pastís

kolač

ou

jaje

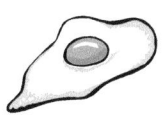

ou fregit

jaje na oko

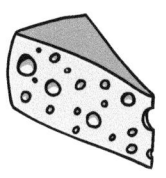

formatge

sir

menjar - jelo

gelat

sladoled

sucre

šećer

mel

med

melmelada

marmelada

crema de xocolata

nugat krema

curri

kari

granja
seosko gazdinstvo

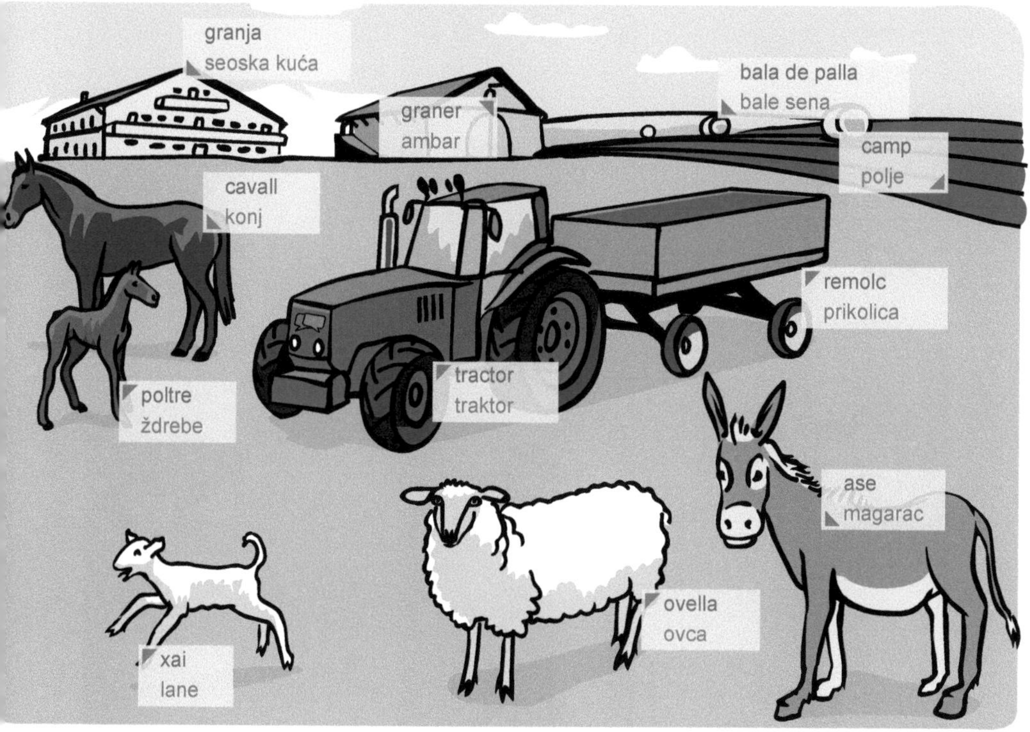
granja
seoska kuća
graner
ambar
bala de palla
bale sena
camp
polje
cavall
konj
remolc
prikolica
tractor
traktor
poltre
ždrebe
ase
magarac
ovella
ovca
xai
lane

cabra
koza

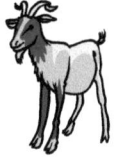

vaca
krava

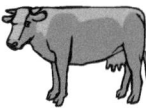

vedella
tele

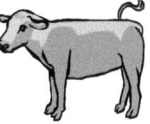

porc
svinja

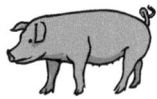

garrí
prase

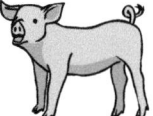

bou
bik

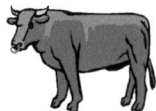

oca

guska

ànec

patka

poll

pilići

gall

kokoš

gallina

petao

rata

pacov

gat

mačka

ratolí

miš

bou

vol

gos

pas

gossera

kućica za psa

mànega de regar

vrtno crevo

regadora

kanta za polivanje

dalla

kosa

arada

plug

granja - seosko gazdinstvo

falç

srp

aixada

motika

forca

viljuška za đubrivo

destral

sekira

carretó

tačke

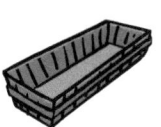

abeurador

korito

lletera

posuda za mleko

sac

vreća

tanca

ograda

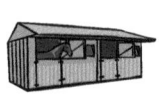

establa

štala

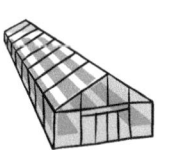

hivernacle

staklenik

sòl

zemlja

llavor

seme

adob

đubrivo

collidora

kombajn

collir

žeti

collita

žetva

nyam

jams začin

blat

pšenica

soja

soja

patata

krumpir

blat de moro o d'indi

kukuruz

colza

uljana repica

arbre fruiter

voćka

mandioca

gomolj manioke

cereals

žitarice

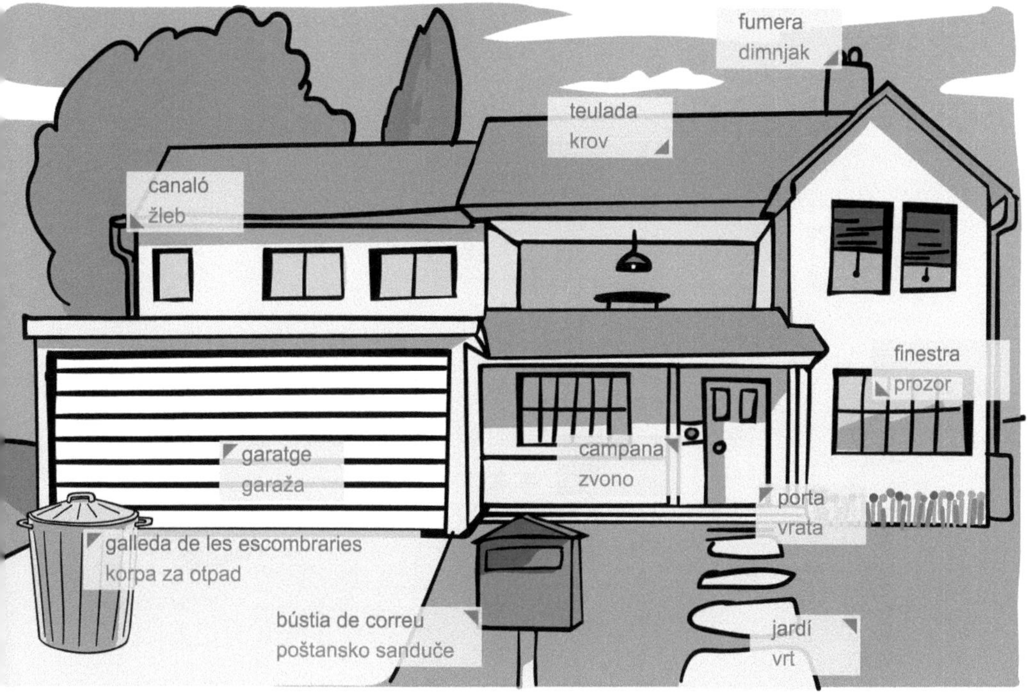

fumera
dimnjak

teulada
krov

canaló
žleb

finestra
prozor

garatge
garaža

campana
zvono

pórta
vrata

galleda de les escombraries
korpa za otpad

bústia de correu
poštansko sanduče

jardí
vrt

sala d'estar

dnevna soba

bany

kupaonica

cuina

kuhinja

cambra de dormir

spavaća soba

cambra de nen

dečija soba

menjador

trpezarija

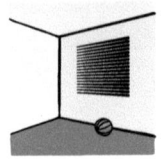

sòl

pod

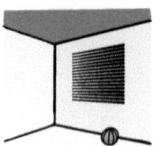

paret

zid

sostre

strop

soterrani

podrum

sauna

sauna

balcó

balkon

terrassa

terasa

piscina

bazen

tallagespa

kosilica za travu

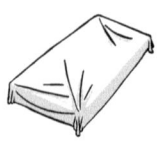

vànova

posteljina za krevet

cobrellit

deka za krevet

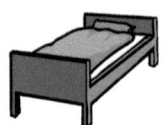

llit

krevet

escombra

metla

galleda

kanta

interruptor

prekidač

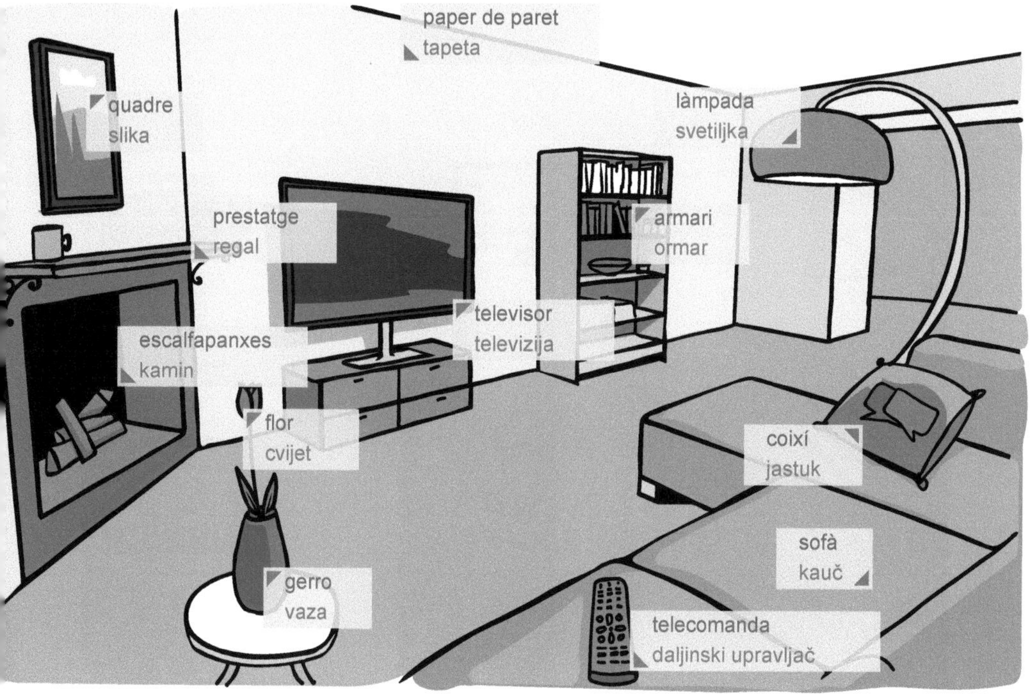

paper de paret
tapeta

quadre
slika

làmpada
svetiljka

prestatge
regal

armari
ormar

escalfapanxes
kamin

televisor
televizija

flor
cvijet

coixí
jastuk

gerro
vaza

sofà
kauč

telecomanda
daljinski upravljač

catifa
tepih

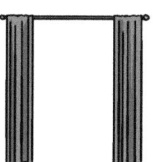

cortina
zavesa

taula
sto

cadira
stolica

cadira gronxadora
stolica za njihanje

cadiral
fotelja

llibre

knjiga

llençol

deka

decoració

dekoracija

llenya

drvo za ogrev

film

film

cadena de música

hi-fi uređaj

clau

ključ

diari

novine

pintura

slika na platnu

cartell

poster

ràdio

radio

bloc de notes

blok za pisanje

aspiradora

usisivač

cactus

kaktus

candela

sveća

cuina
kuhinja

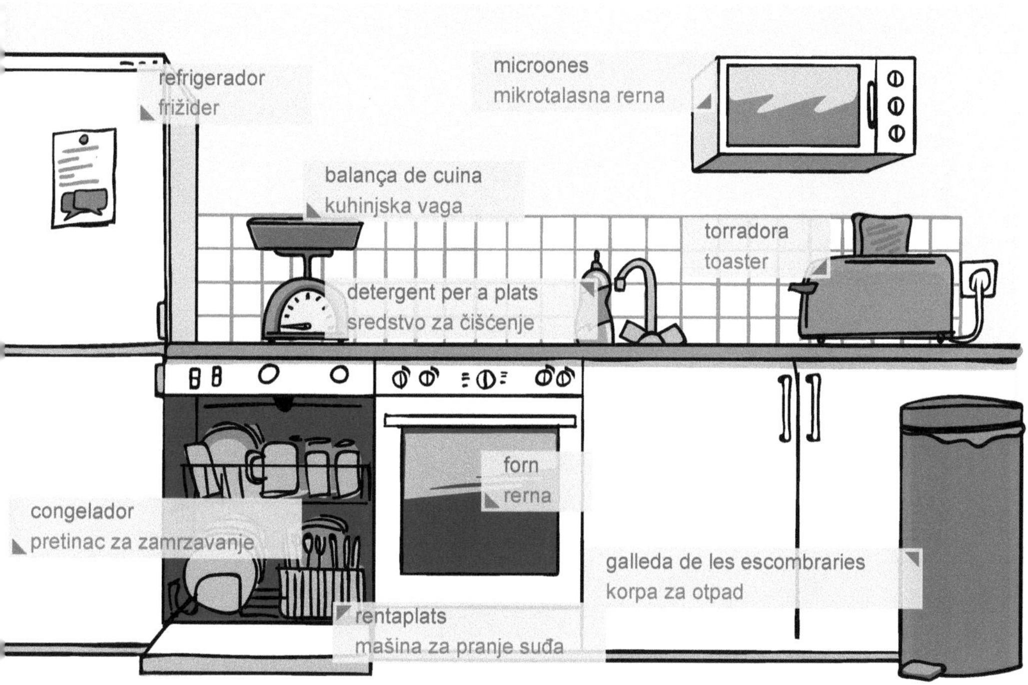
refrigerador
frižider
microones
mikrotalasna rerna
balança de cuina
kuhinjska vaga
torradora
toaster
detergent per a plats
sredstvo za čišćenje
forn
rerna
congelador
pretinac za zamrzavanje
galleda de les escombraries
korpa za otpad
rentaplats
mašina za pranje suđa

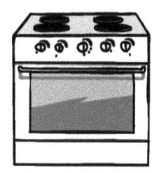

cuina de fogons

šporet

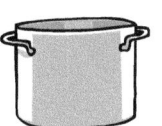

olla

lonac

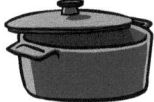

olla de ferro colat

gvozdeni lonac

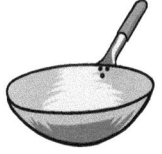

wok / karahi

wok / kadai

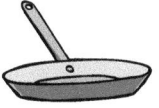

paella

tava

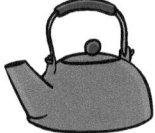

bullidor

kuvalo za vodu

olla de vapor

kuvalo na paru

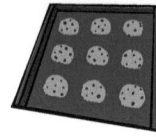

plata de forn

lim za pečenje

vaixella

posuđe

tassa grossa

čaša

bol

posuda

bastonets xinesos

štapići za jelo

culler

kutlača

espàtula

lopatica

batedor

penjača

colador

sito za kuvanje

sedàs

sito

ratllador

ribež

morter

mužar

barbacoa

roštilj

foc a terra

ognjište

taula de tallar

daska

corró

oklagija

llevataps

vadičep

pot de conserva

konzerva

obridor

otvarač konzervi

agafador

krpa za lonac

aigüera

sudoper

raspall

četka

esponja

sunđer

batedora

mikser

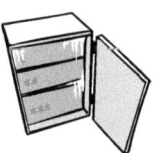

congelador

zamrzivač

biberó

flašica za bebe

aixeta

slavina za vodu

bany

kupaonica

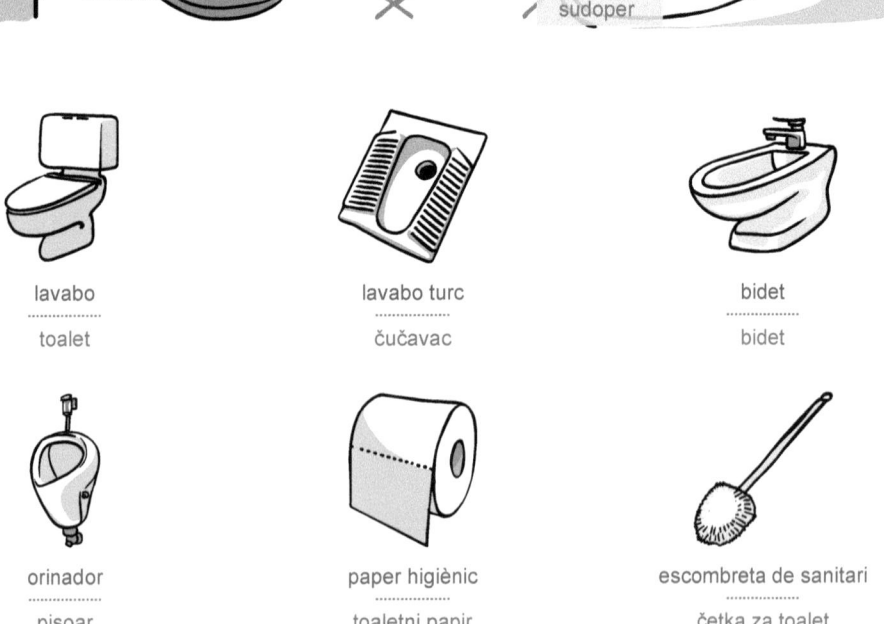

calefacció
grejanje
dutxa
tuš
tovallola
peškir
cortina de dutxa
zavesa za tuš
bany de bombolles
penušava kupka
banyera
kada
got
čaša
rentadora
mašina za pranje veša
aixeta
slavina za vodu
rajoles
pločice
orinal
tuta
aigüera
sudoper

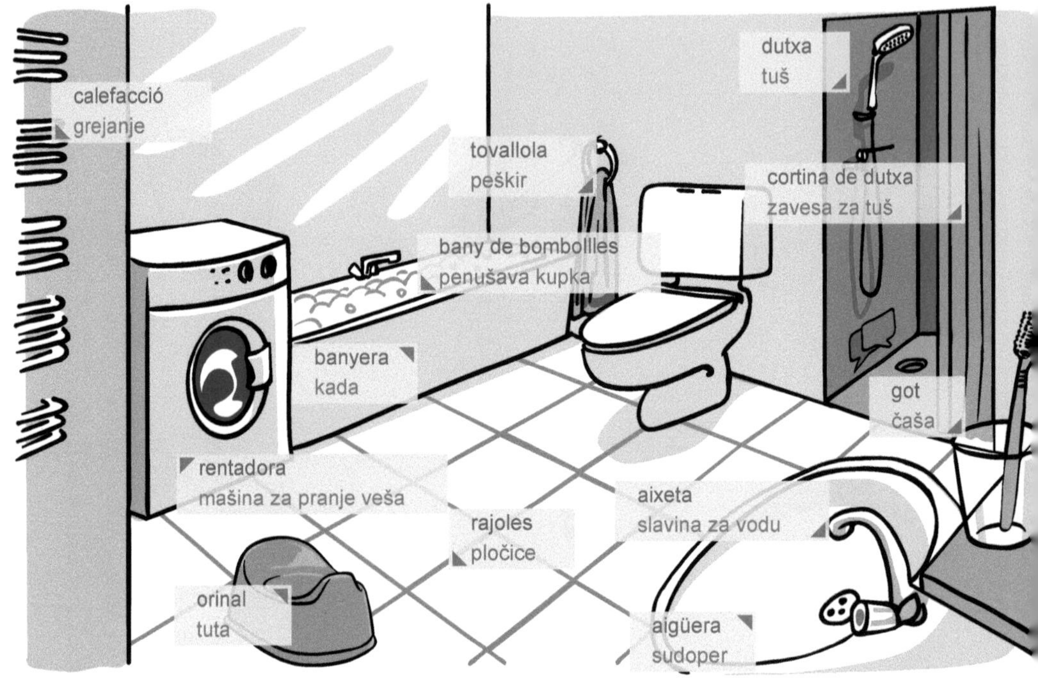

lavabo

toalet

lavabo turc

čučavac

bidet

bidet

orinador

pisoar

paper higiènic

toaletni papir

escombreta de sanitari

četka za toalet

raspall de dents
....
četkica za zube

pasta de dents
....
pasta za zube

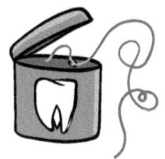

fil dental
....
konac za zube

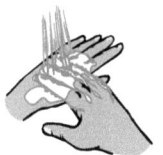

rentar
....
prati

pom de dutxa
....
tuš ručica

dutxa íntima
....
tuš za pranje intimnih delova

rentamans
....
lavor

raspall per a l'esquena
....
četka za pranje leđa

sabó
....
sapun

gel de dutxa
....
gel za tuširanje

xampú
....
šampon

manyopla de bany
....
krpa za pranje

bonera
....
odvod

crema
....
krema

desodorant
....
dezodorans

mirall

ogledalo

mirall-espill de mà

kozmetičko ogledalo

maquineta de rasar

brijač

espuma de barbejar

pena za brijanje

loció post-rasada

losion za posle brijanja

pinta

češalj

raspall

četka

eixugador

fen za kosu

laca

sprej za kosu

maquillatge

makeup

pintallavis

ruž za usne

esmalt d'ungles

lak za nokte

cotó

vata

tallaungles

makaze za nokte

perfum

parfem

estoig de bellesa

kozmetička torbica

tamboret

stolica

bàscula

vaga

barnús

ogrtač

guants de goma

rukavice za čišćenje

compresa higiènica

tampon

compresa

uložak

sanitari químic

hemijski toalet

cambra de nen
dečija soba

despertador
budilnik
animal de peluix
plišana igračka
auto de joguina
auto igračka
sonall
zvečka
casa de nines
kućica za lutke
present
poklon

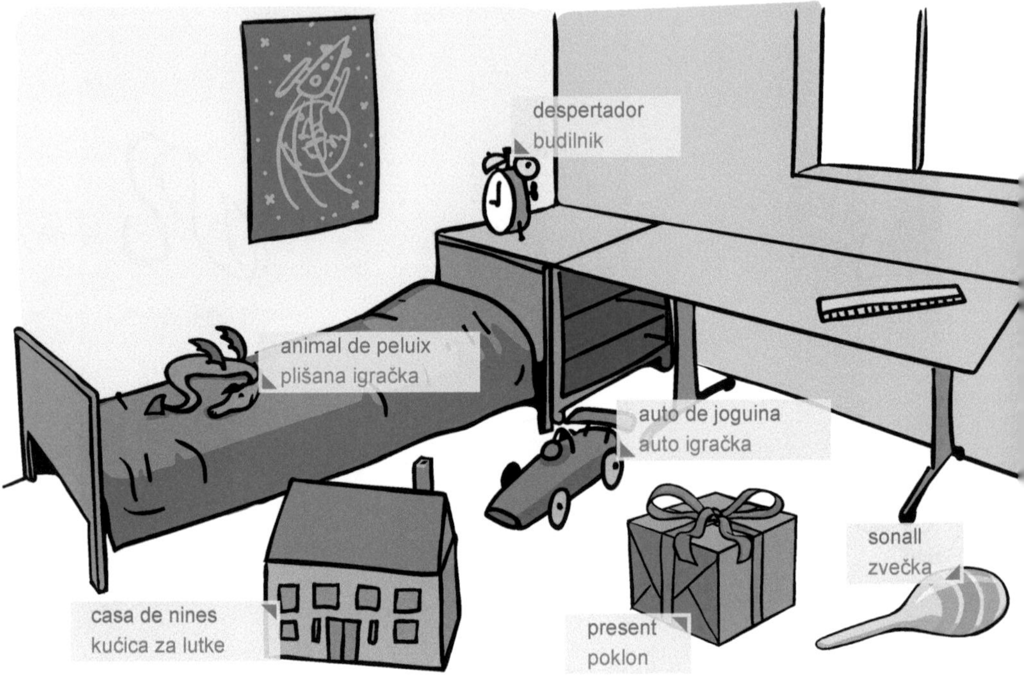

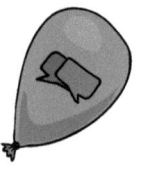

baló
balon

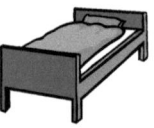

llit
krevet

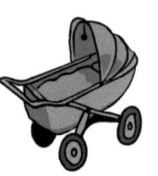

cotxet per a nens
dječija kolica

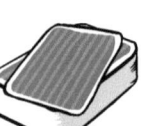

joc de cartes
igra s kartama

trencaclosca
slagalica

SUPER MEGA

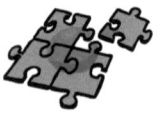

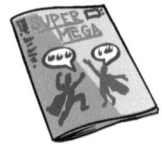

historieta
strip

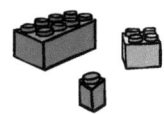

peces de lego
....
lego kockice

peces de construcció
....
kockice za slaganje

ninot d'acció
....
akcioni junak

granota
....
benkica za bebe

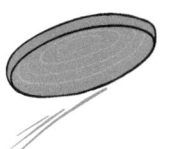

frisbee
....
frizbi

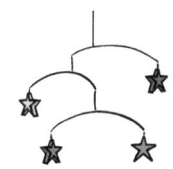

mòbil per a bressol
....
viseće igračke

joc de taula
....
društvene igre

daus
....
kocka

tren elèctric
....
minijaturna željeznica

xumet
....
duda

festa
....
zabava

llibre de dibuixos
....
slikovnica

pilota
....
lopta

nina
....
lutka

jugar
....
igrati

sorrera

pješčanik

gronxador

ljuljačka

joguines

igračka

consola de jocs de vídeo

konzola za igre

tricicle

tricikl

osset de peluix

tedi

armari

ormar

roba

odeća

mitjons

kratke čarape

mitges

čarape

mitja pantaló

hulahopke

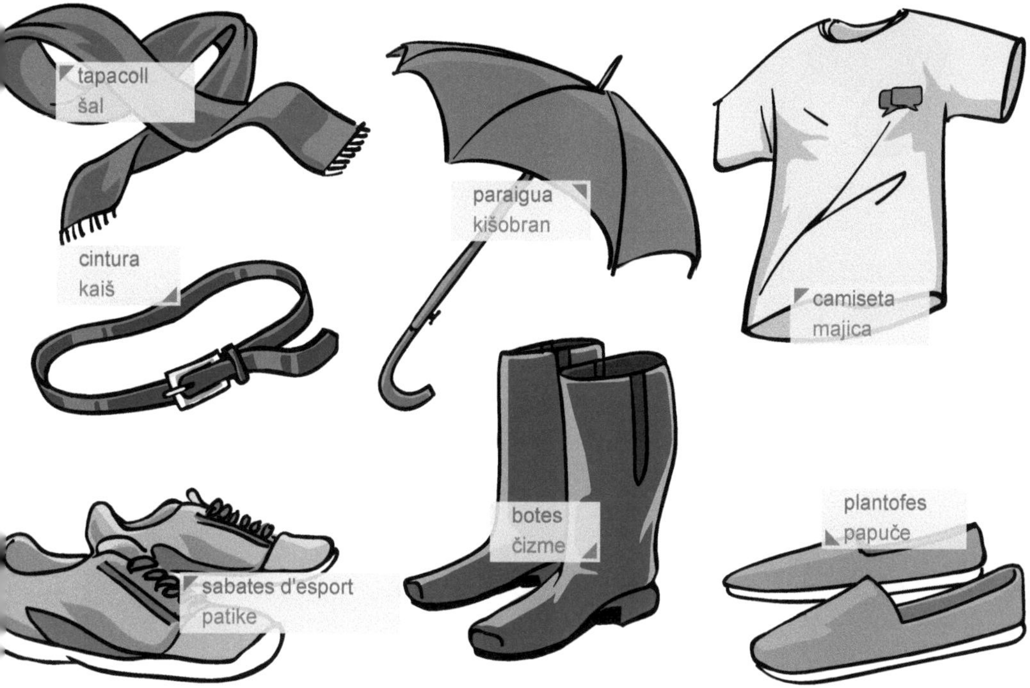

tapacoll
šal

cintura
kaiš

paraigua
kišobran

camiseta
majica

botes
čizme

plantofes
papuče

sabates d'esport
patike

sandàlies
....
sandale

sabates
....
cipele

botes de goma
....
gumene čizme

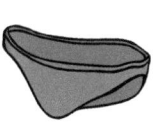

calçonets
....
gaćice

sostenidor
....
grudnjak

guardapits
....
potkošulja

jjustacòs
....
bodi

pantalons
....
pantalone

jeans
....
farmerke

faldeta
....
suknja

brusa
....
bluza

camisa
....
košulja

jersei
....
džemper

dessuadora
....
džemper s kapuljačom

blazer
....
sako

jaqueta
....
jakna

mantell
....
kaput

impermeable
....
kabanica

vestit de dona
....
kostim

vestit de dona
....
haljina

vestit de núvia
....
venčanica

vestit d'home

odelo

camisa de dormir

spavaćica

pijama

pidžama

sari

sari

mocador de cap

marama za glavu

turbant

turban

burca

burka

caftan

kaftan

abaia

abaja

vestit de bany

kupaći kostim

calçon(et)s de bany

kupaće gaćice

pantalons curts

kratke pantalone

xandall

odeća za trening

davantal

kecelja

guants

rukavice

botó

dugme

ulleres

naočare

braçalet

narukvica

collaret

ogrlica

anell

prsten

orellera

naušnica

casquet

kapa

penjador

vešalica

capell

šešir

corbata

kravata

cremallera

patent zatvarač

casc

kaciga

elàstics

naramenice

uniforme escolar

školska uniforma

uniforme

uniforma

pitet
podbradak

xumet
duda

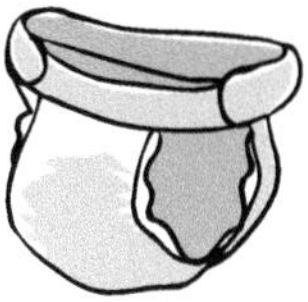

bolquer
pelena

oficina
kancelarija

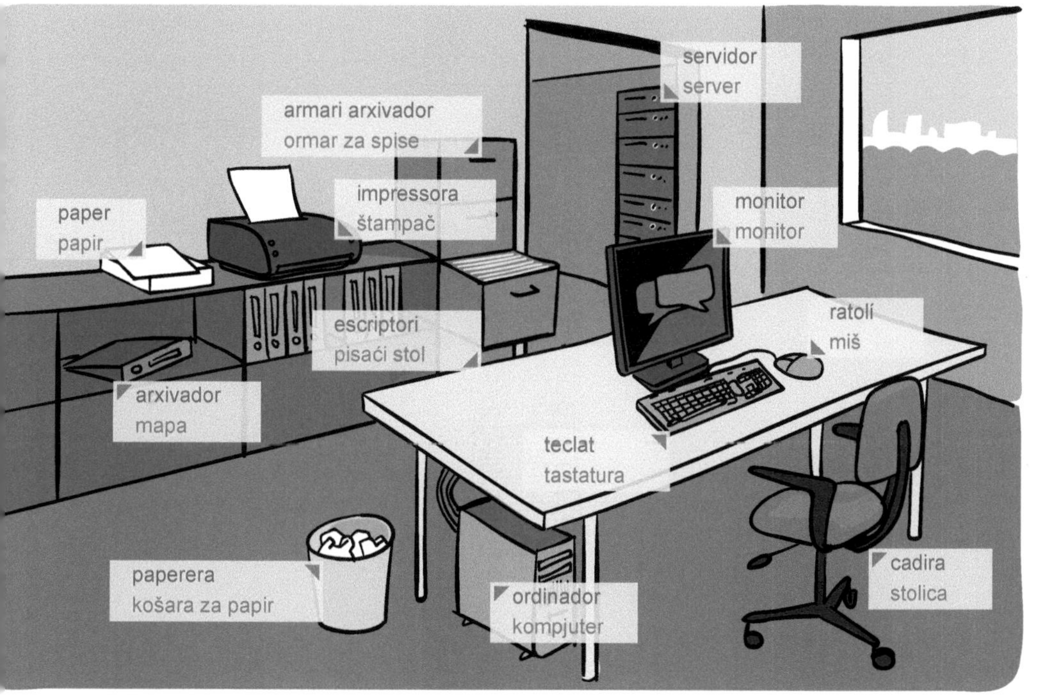

servidor
server

armari arxivador
ormar za spise

impressora
štampač

paper
papir

monitor
monitor

escriptori
pisaći stol

ratolí
miš

arxivador
mapa

teclat
tastatura

paperera
košara za papir

ordinador
kompjuter

cadira
stolica

tassa de cafè
šalica za kavu

calculadora
kalkulator

Internet
internet

ordinador portàtil

laptop

lletra

pismo

missatge

poruka

mòbil

mobilni telefon

xarxa

mreža

fotocopiadora

uređaj za kopiranje

programari

softver

telèfon

telefon

presa de corrent

utičnica

fax

faks

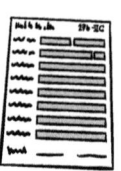

formulari

formular

document

dokument

oficina - kancelarija

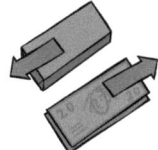

comprar
kupovati

pagar
platiti

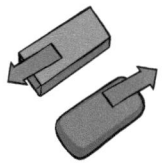

comerciar
trgovati

diners
novac

dòlar
dolar

euro
evro

ien
jen

ruble
rublja

franc suís
švajcarski franak

renminbi
renmindbi juan

rupia
rupija

caixa automàtica
automat za novac

oficina de canvi

menjačnica

or

zlato

argent

srebro

petroli

nafta

energia

energija

preu

cena

contracte

ugovor

impost

porez

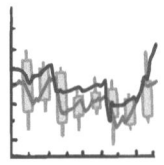

acció

deonica

treballar

raditi

treballador

službenik

empresari

poslodavac

fàbrica

fabrika

botiga

prodavnica

oficis

zanimanja

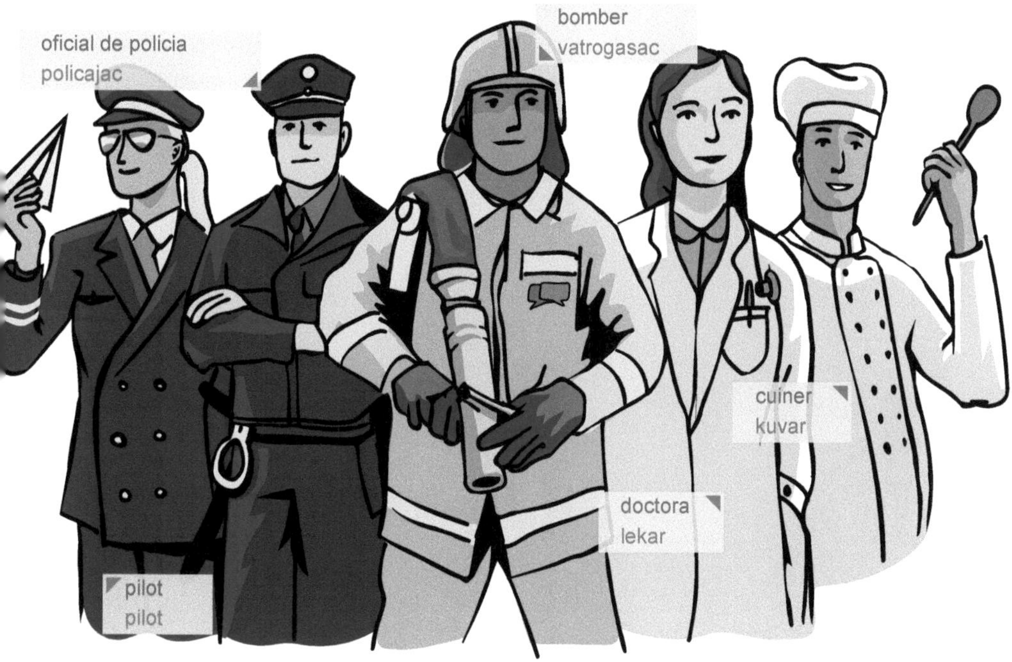
oficial de policia
policajac
bomber
vatrogasac
cuiner
kuvar
doctora
lekar
pilot
pilot

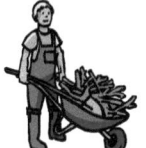

jardiner

vrtlar

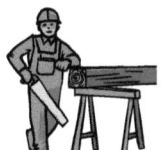

fuster

stolar

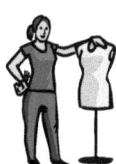

costurera

krojačica

jutge

sudija

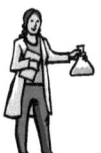

química

hemičar

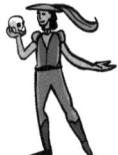

actor

glumac

conductor d'autobús

vozač autobusa

taxista

vozač taksija

pescador

ribar

dona de la neteja

čistačica

ensostrador

krovopokrivač

cambrer

konobar

caçador

lovac

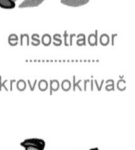

pintor

slikar

forner

pekar

electricista

električar

obrer de la construcció

građevinski radnik

enginyer

inženjer

carnisser

mesar

llanterner

limar

correu

poštar

soldat
vojnik

arquitecte
arhitekta

caixera
blagajnik

florista
cvećar

perruquer
frizer

revisor
kondukter

mecànic
mehaničar

capità
kapetan

dentista
zubar

científic
naučnik

rabí
rabi

imam
imam

monjo
monah

capellà
svećenik

eines
alati

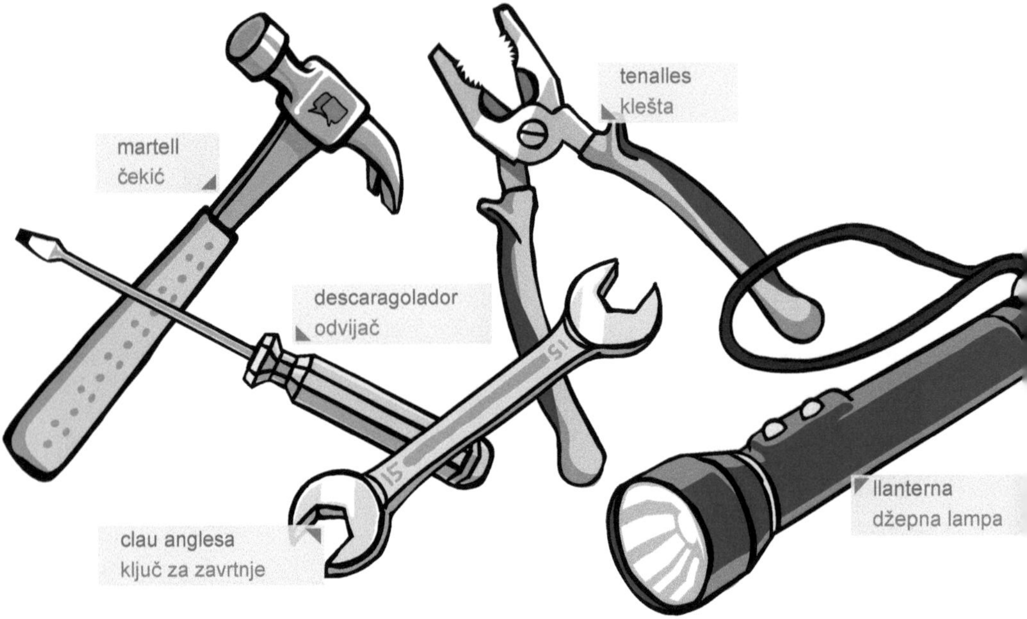
martell
čekić
tenalles
klešta
descaragolador
odvijač
clau anglesa
ključ za zavrtnje
llanterna
džepna lampa

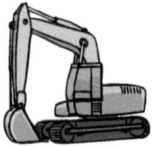

excavadora

bager

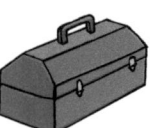

caixa d'eines

kutija za alat

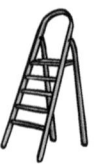

escala

merdevine

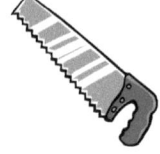

serra

pila

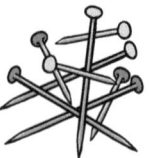

claus

ekser

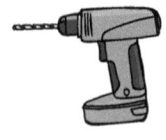

trepant

bušilica

reparar

popraviti

pala

lopata

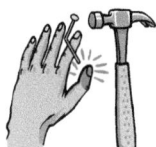

Maleït siga!

do đavola!

pala

lopatica

pot de pintura

lonac za boju

caragols

zavrtanji

instrument de música
muzički instrument

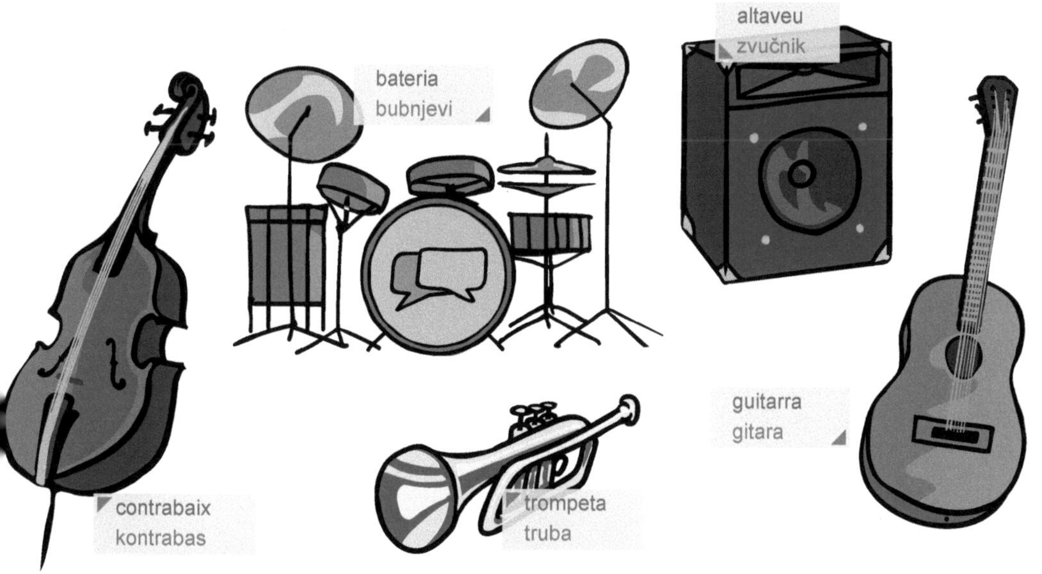

bateria
bubnjevi

altaveu
zvučnik

guitarra
gitara

contrabaix
kontrabas

trompeta
truba

piano

klavir

violí

violina

baix

bas

timbal

timpani

tambor

udaraljke za bubnjeve

teclat

tipke klavira

saxofon

saksofon

flauta

flauta

micròfon

mikrofon

zoo

zoološki vrt

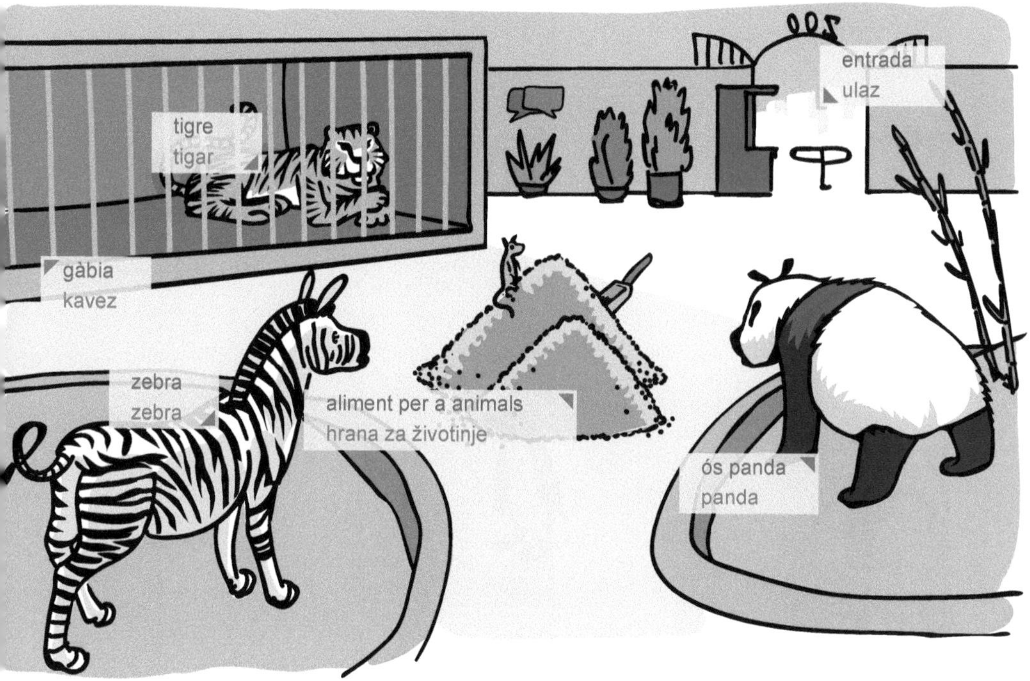
tigre
tigar
gàbia
kavez
zebra
zebra
aliment per a animals
hrana za životinje
entrada
ulaz
ós panda
panda

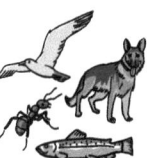

animals

životinje

elefant

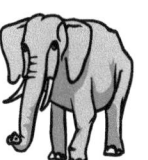

slon

cangurú

kengur

rinoceront

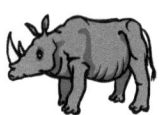

nosorog

goril·la

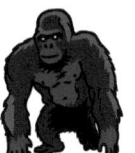

gorila

ós

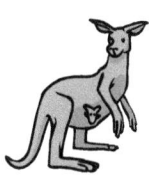

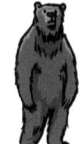

medved

camell

kamila

estruç

noj

lleó

lav

simi

majmun

flamenc

flamingo

papagai

papagaj

ós polar

polarni medved

pingüí

pingvin

ca mari

ajkula

paó

paun

serp

zmija

cocodril

krokodil

guardià del zoo

čuvar u zoološkom vrtu

foca

tuljan

jaguar

jaguar

poni

poni

lleopard

leopard

hipopòtam

nilski konj

girafa

žirafa

àliga

orao

senglar

divlja svinja

peix

riba

tortuga

kornjača

morsa

morž

guineu

lisica

gasela

gazela

futbol americà
američki nogomet

ciclisme
biciklizam

tenis
tenis

bàsquet
košarka

natació
plivanje

boxa
boks

hoquei sobre gel
hokej na ledu

futbol americà
fudbal

bàdminton
badminton

atletisme
atletika

handbol
rukomet

esquí
skijanje

polo
polo

riure
smejati se

saltar
skočiti

abraçar
zagrliti

anar
ići

cantar
pevati

somiar
sanjati

pregar
moliti se

fer un petó
poljubiti

escriure

pisati

dibuixar

crtati

mostrar

pokazati

pitjar

gurati

donar

dati

prendre

uzeti

tenir

imati

fer

činiti

ésser

biti

estar dret

stojati

córrer

trčati

estirar

povlačiti

llançar

baciti

caure

padati

jeure

ležati

esperar

čekati

portar

nositi

asseure's

sediti

vestir-se

oblačiti

dormir

spavati

despertar-se

probuditi se

mirar

gledati

plorar

plakati

amoixar

milovati

pentinar

češljati

parlar

govoriti

comprendre

razumeti

demanar

pitati

escoltar

slušati

beure

piti

menjar

jesti

endreçar

pospremiti

estimar

voleti

cuinar

kuhati

conduir

voziti

volar

leteti

navegar
ploviti

calcular
računati

llegir
čitati

aprendre
učiti

treballar
raditi

casar-se
venčati se

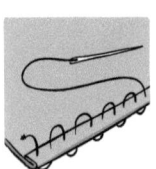

cosir
šiti

raspallar-se les dents
prati zube

matar
ubiti

fumar
pušiti

enviar
poslati

família
porodica

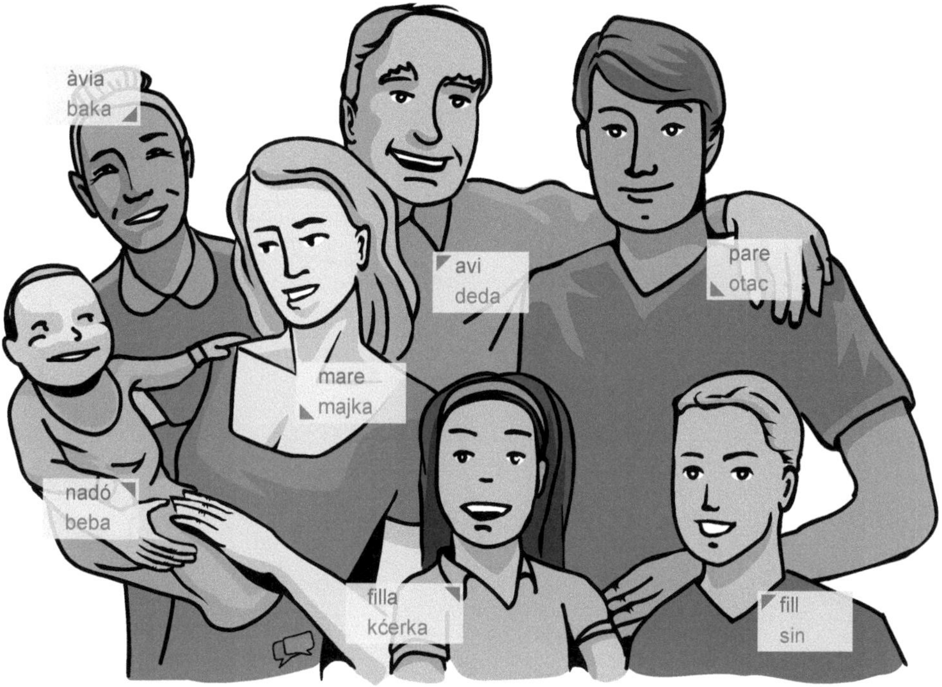

àvia
baka
avi
deda
pare
otac
mare
majka
nadó
beba
filla
kćerka
fill
sin

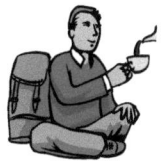

convidat

gost

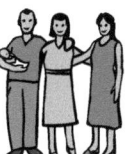

tia

tetka

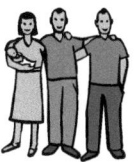

oncle

ujak, stric

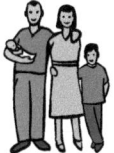

germà

brat

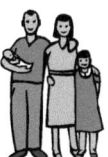

germana

sestra

cos

telo

front
čelo
ull
oko
espatlla
rame
dit
prst
cara
lice
barbeta
brada
mà
ruka
cama
noga
pit
grudi
braç
ruka

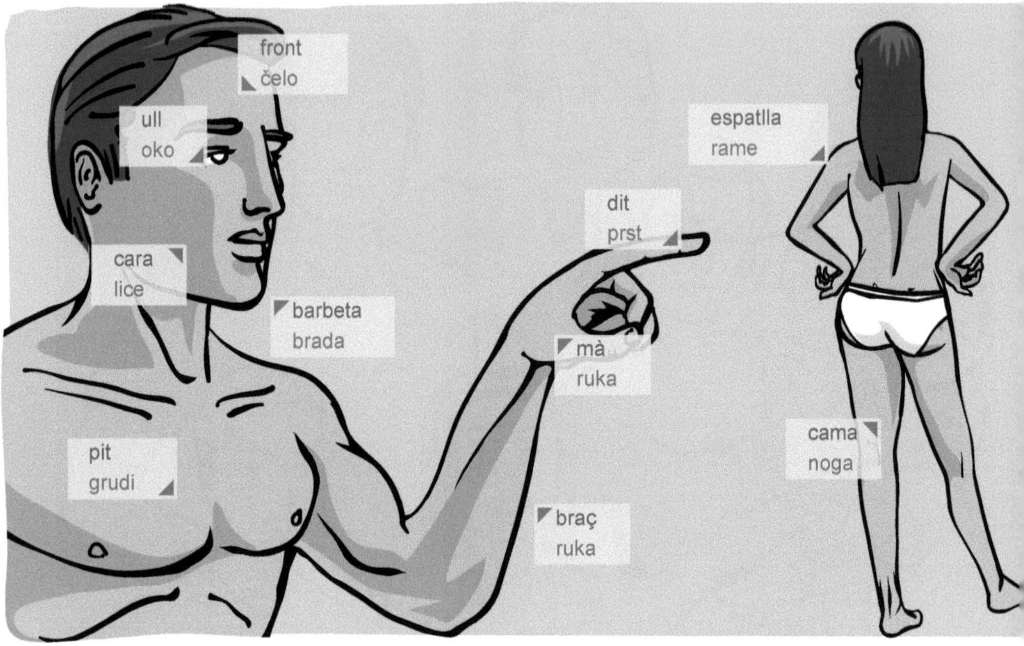

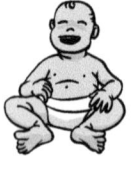

nadó
beba

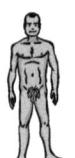

home
muškarac

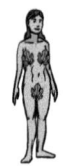

dona
žena

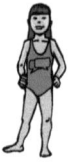

noia
devojčica

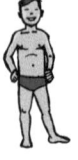

noi
dečak

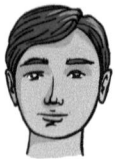

cap
glava

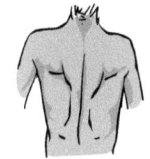

esquena

leđa

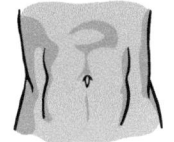

panxa

stomak

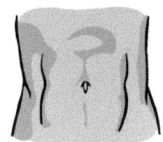

melic

pupak

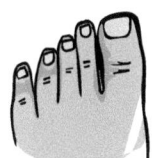

dit gros del peu

nožni prst

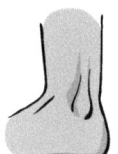

taló

peta

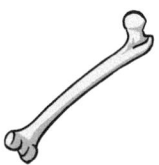

os

kost

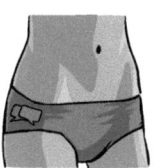

maluc

kukovi

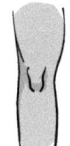

genoll

koleno

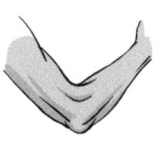

colze

lakat

nas

nos

cul

zadnjica

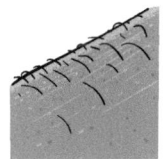

pell

koža

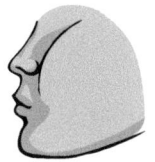

galta

obraz

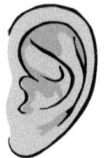

orella

uvo

llavi

usna

cos - telo

boca

usta

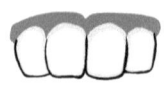

dent

zub

llengua

jezik

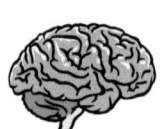

cervell

mozak

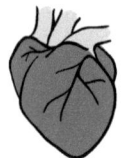

cor

srce

múscul

mišić

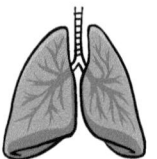

pulmó

pluća

fetge

jetra

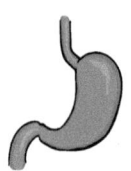

estómac

želudac

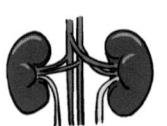

ronyó

bubrezi

relació sexual

polni odnos

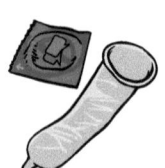

preservatiu

kondom

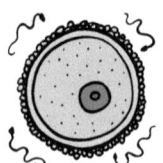

ovari

jajna ćelija

semen

sperma

prenyat

trudnoća

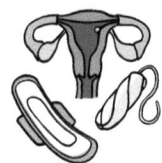

menstruació

menstruacija

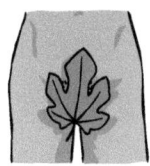

vagina

vagina

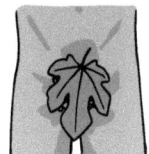

penis

penis

cella

obrva

cabells

kosa

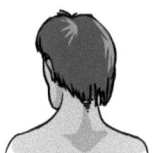

coll

vrat

hospital
bolnica

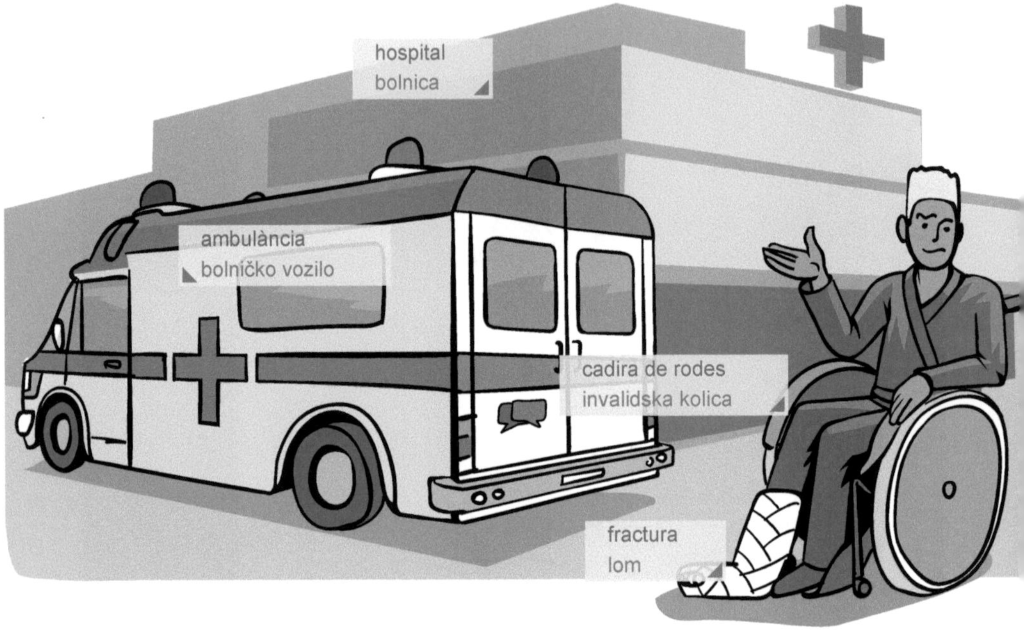
hospital
bolnica
ambulància
bolničko vozilo
cadira de rodes
invalidska kolica
fractura
lom

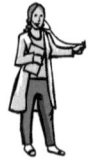

doctora

lekar

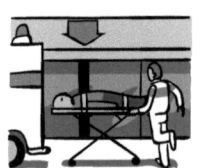

sala d'urgències

hitna medicinska služba

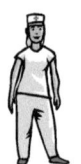

infermera

medicinska sestra

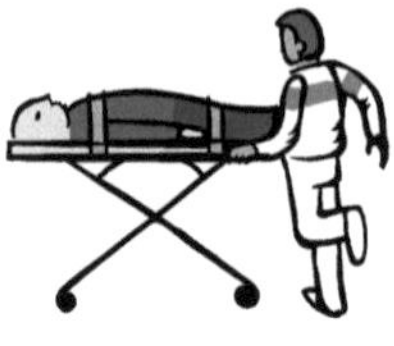

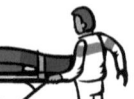

urgència

hitni slučaj

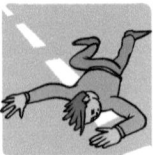

inconscient

nesvest

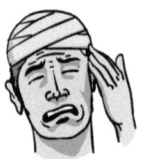

dolor

bol

ferida

povreda

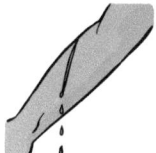

sagnament

krvarenje

atac de cor

srčani udar

apoplexia

udar

al·lèrgia

alergija

tos

kašalj

febre

groznica

gripa

gripa

diarrea

proliv

mal de cap

glavobolja

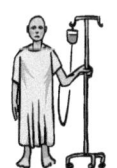

càncer

rak

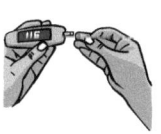

diabetis

dijabetes

cirurgià

hirurg

escalpel

skalpel

operació

operacija

tomografia computada (TC), TAC
ct

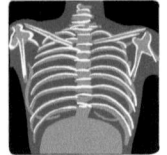

raigs x
rentgen

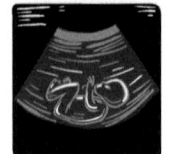

ultrasò
ultrazvuk

mascareta
maska

malaltia
bolest

sala d'espera
čekaona

crossa
štaka

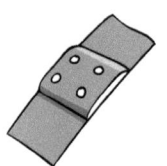

tireta
flaster

embenat
zavoj

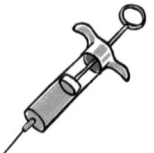

injecció
injekcija

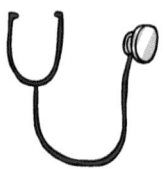

estetoscopi
stetoskop

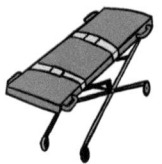

llitera
nosila

termòmetre clínic
termometar

pariment
rođenje

sobrepès
prekomerna težina

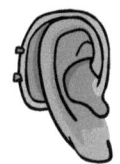

aparell auditiu

slušni aparat

desinfectant

sredstvo za dezinfekciju

infecció

infekcija

virus

virus

VIH / SIDA

HIV / AIDS

medicina

medicina

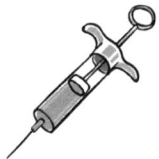

vaccí

vakcinacija

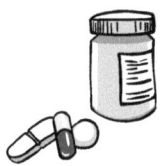

comprimits

tablete

píl·lola

pilula

trucada d'urgència

hitni poziv

tensiòmetre

uređaj za merenje pritiska

malalt / sà

bolesno / zdravo

alarma

alarm

assalt

nasrtaj

Socors!

pomoć!

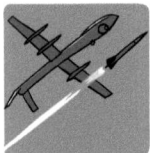

atac

napad

perill

opasnost

sortida-eixida d'urgència

izlaz u slučaju nužde

extintor

protivpožarni aparat

accident

nezgoda

Foc!

požar!

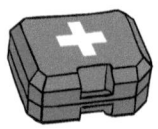

farmaciola de primers
auxilis

kutija prve pomoći

SOS

sos

policia

policija

Europa

Evropa

Amèrica del Nord

Severna Amerika

Amèrica del Sud

Južna Amerika

Àfrica

Afrika

Àsia

Azija

Austràlia

Australija

Atlàntic

Atlantik

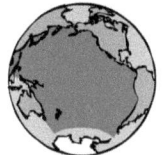

Pacífic

Pacifik

Oceà Índic

Indijski okean

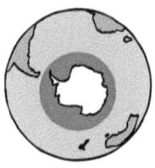

Oceà Antàrtic

Antarktički okean

Oceà Àrtic

Arktički ocean

pol nord

Severni pol

pol sud
Južni pol

Antàrtida
Antarktik

terra
zemlja

país
zemlja

mar
more

illa
otok

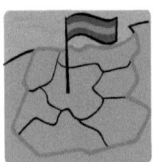

nació
nacija

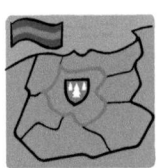

estat
država

quadrant

brojčanik sata

agulla de les hores

satna kazaljka

agulla dels minuts

minutna kazaljka

agulla dels segons

sekundna kazaljka

Quina hora és?

Koliko je sati?

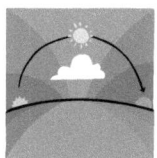

dia

dan

temps

vreme

ara

sada

rellotge digital

digitalni sat

minut

minuta

hora

čas

setmana
sedmica

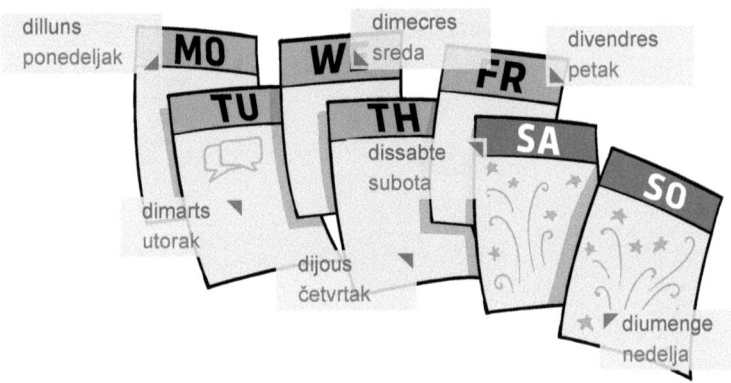

dilluns / ponedeljak
dimarts / utorak
dimecres / sreda
dijous / četvrtak
divendres / petak
dissabte / subota
diumenge / nedelja

ahir
juče

avui
danas

demà
sutra

matí
jutro

migdia
podne

tarda
veče

MO	TU	WE	TH	FR	SA	SU
1	2	3	4	5	6	7
8	9	10	11	12	13	14
15	16	17	18	19	20	21
22	23	24	25	26	27	28
29	30	31	1	2	3	4

dia feiner
radni dani

MO	TU	WE	TH	FR	SA	SU
1	2	3	4	5	6	7
8	9	10	11	12	13	14
15	16	17	18	19	20	21
22	23	24	25	26	27	28
29	30	31	1	2	3	4

cap de setmana
vikend

any
godina

pluja
kiša
arc de Sant Martí
duga
neu
sneg
vent
vetar
primavera
proleće
tardor
jesen
estiu
leto
hivern
zima

4.APRIL 11°
5.APRIL 4°
6.APRIL 13°
7.APRIL 8°
8.APRIL 10°

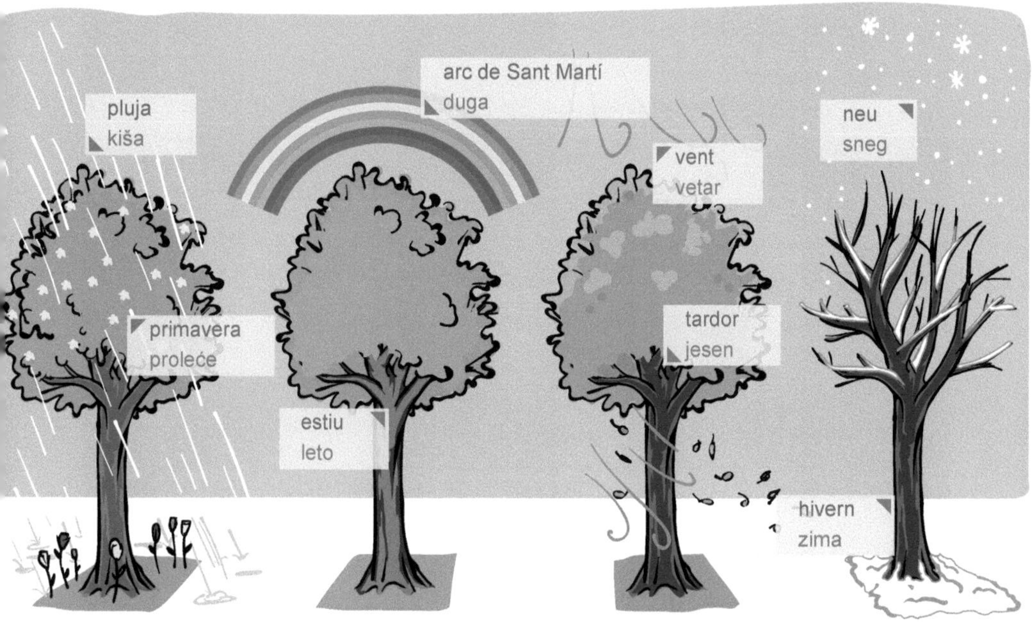

pronòstic del temps

meteorološka prognoza

F C

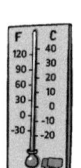

termòmetre

termometar

llum del sol

sunčana svetlost

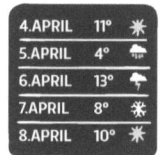

núvol

oblak

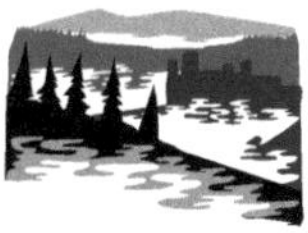

boira

magla

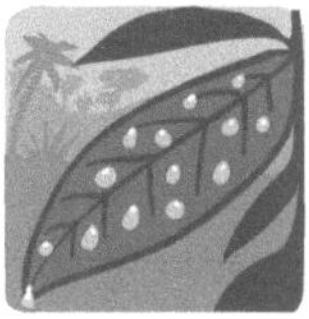

humiditat de l'aire

vlažnost vazduha

llamp

munja

tro

grmljavina

tempesta

oluja

calamarsa

tuča

monsó

monsun

inundació

poplava

gel

led

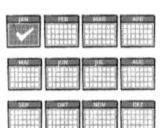

gener

januar

febrer

februar

març

mart

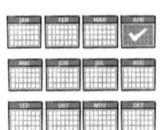

abril

april

maig

maj

juny

juni

juliol

juli

agost

avgust

any - godina

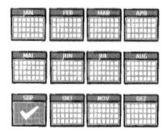

setembre
....
septembar

octubre
....
oktobar

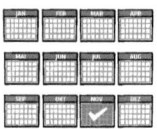

novembre
....
novembar

desembre
....
decembar

formes
oblici

cercle
....
krug

quadrat
....
kvadrat

rectangle
....
pravougao

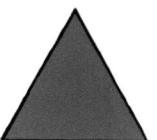

triangle
....
trougao

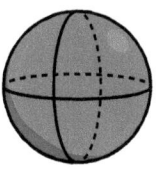

esfera
....
kugla

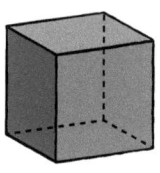

cub
....
kocka

blanc
bela

groc
žuta

taronja
narandžasta

rosa
ružičasta

vermell
crvena

lila
ljubičasta

blau
plava

verd
zelena

marró
smeđa

gris
siva

negre
crna

molt / poc

mnogo / malo

emprenyat / tranquil

ljutito / mirno

bonic / lleig

lepo / ružno

començament / fi

početak / kraj

gran / petit

veliko / maleno

clar / fosc

svetlo / tamno

germà / germana

brat / sestra

net / brut

čisto / prljavo

complet / incomplet

potpuno / nepotpuno

dia / nit

dan / noć

mort / viu

mrtvo / živo

ample / estret

široko / usko

comestible / immenjable

jestivo / nejestivo

dolent / amable

zlo / dobro

entusiasmat / entediat

uzbuđeno / dosadno

gros / prim

debelo / mršavo

primer / darrer

na početku / na kraju

amic / enemic

prijatelj / neprijatelj

ple / buit

puno / prazno

dur / tou

tvrdo / mekano

pesant / lleuger

teško / lagano

gana / set

glad / žeđ

malalt / sà

bolesno / zdravo

il·legal / legal

ilegalno / legalno

intel·ligent / ximple

pametno / glupo

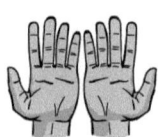

esquerra / dreta

levo / desno

prop / llunyà

blizu / daleko

nou / usat

novo / polovno

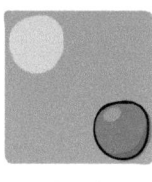

res / quelcom

ništa / nešto

vell / jove

staro / mlado

encès / apagat

uključeno / isključeno

obert / tancat

otvoreno / zatvoreno

silenciós / sorollós

tiho / glasno

ric / pobre

bogato / siromašno

correcte / incorrecte

tačno / pogrešno

aspre / suau

hrapavo / glatko

trist / content

tužno / sretno

curt / llarg

kratko / dugo

lent / ràpid

polako / brzo

humit / sec - eixut

mokro / suho

calent / fred

toplo / hladno

guerra / pau

rat / mir

0

zero

nula

1

u

jedan

2

dos

dva

3

tres

tri

4

quatre

četiri

5

cinc

pet

6

sis

šest

7

set

sedam

8

vuit

osam

9

nou

devet

10

deu

deset

11

onze

jedanaest

12

dotze

dvanaest

13

tretze

trinaest

14

catorze

četrnaest

15

quinze

petnaest

16

setze

šestnaest

17

disset

sedamnaest

18

divuit

osamnaest

19

dinou

devetnaest

20

vint

dvadeset

100

cent

stotinu

1.000

mil

hiljadu

1.000.000

milió

milion

anglès
engleski

anglès americà
američki engleski

xinès mandarí
mandarinski kineski

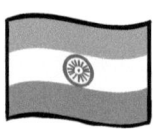

hindi
hindski

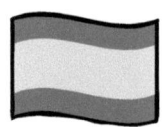

espanyol
španski

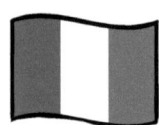

francès
francuski

àrab
arapski

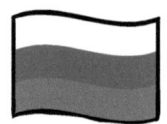

rus
ruski

portuguès
portugalski

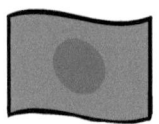

bengalí
bengalski

alemany
nemački

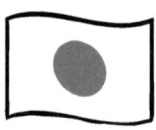

japonès
japanski

jo

ja

tu

ti

ell / ella / allò

on / ona / ono

nosaltres

mi

vosaltres

vi

ells

oni

qui?

Ko?

què?

Šta?

com?

Kako?

on?

Gde?

quan?

Kada?

nom

ime

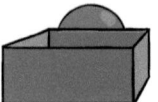

darrere

iza

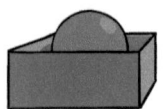

en

u

davant de

ispred

damunt

preko

sobre

na

sota

ispod

al costat

pored

entre

između

lloc

mesto